Impressum:

Copyright © 2016 GRIN Verlag, Open Publishing GmbH
Druck und Bindung: Books on Demand GmbH, Norderstedt Germany
ISBN: 9783668384934

Dieses Buch bei GRIN:

http://www.grin.com/de/e-book/351846/trainingsplanung-fuer-das-krafttraining-
mit-den-zielen-muskelhypertrophie

Kristina Ehrlich

Trainingsplanung für das Krafttraining mit den Zielen Muskelhypertrophie, Körperformung und Gewichtsreduktion

GRIN Verlag

Deutsche Hochschule für

Präventiou und Gesundheitsmanagement

Hermann Neuberger Sportschule 3

66123 Saarbrücken

Einsendeaufgabe

Fachmodul: Trainingslehre 1

Studiengang: BFT

Datum
Präsenzphase: 07.03.2016- 10.03.2016

Name, Vorname: Ehrlich, Kristina

Studienort: **Köln**

Semester: **2**

Inhaltsverzeichnis

1   Diagnose

Folgend wird einer Kundin ein Trainingsplan in einem Zeitraum von sechs Monaten erstellt. Basis dafür ist das Fünf-Stufen-Modell der Trainingssteuerung. Dabei findet zunächst ein Eingangsgespräch statt und es werden biometrische sowie motorische Daten erhoben. Diese Daten sind relevant für die nachfolgende Zielsetzung, Trainingsplanung, Trainingsdurchführung und Analyse (Olivier et al., 2008, S.55-58). Die Trainingsdurchführung und Analyse wird jedoch in dieser Arbeit nicht weiter erläutert.

1.1 Allgemeine und biometrische Daten

In der nachfolgenden Tabelle werden die allgemeinen und biometrischen Daten der Kundin aufgelistet.

Tabelle 1: Allgemeine und biometrische Daten (eigene Darstellung)

Alter	24
Geschlecht	Weiblich
Körpergröße	160cm
Körpergewicht	65kg
Fettfreie Masse – Messung mit Hilfe einer Körperfettwaage	35kg
Fettmasse – Messung mit Hilfe einer Körperfettwaage	32 % Bewertung: laut Tabelle 3 → an der Grenze von 'normal' zu 'hoch'
Trainingsmotive	1. Muskelhypertrophie 2. Körperformung 3. Gewichtsreduktion
Berufliche Tätigkeit	Studentin
Aktuelle und frühere Aktivität	Tanzen: 1 x pro Woche seit 10 Jahren Fitnesstraining: 1x pro Woche seit 2 Monaten ohne systematische Trainingsplanung
Zeitbudget	2 x pro Woche
Blutdruck	Systolisch: 131mmHg, diastolisch: 87mmHg Bewertung: laut Tabelle 2 → hochnormaler Blutdruck, noch im Bereich der Normotonie
Allgemeiner Gesundheitszustand	Keine gesundheitlichen Einschränkungen, Bewertung: optimale Belastbarkeit und Trainierbarkeit

Tabelle 2: Blutdruckklassifikation der American Heart Association (modifiziert nach Mancia et. al, 2013, S. 1286)

Bewertung	Systolischer Blutdruckwert	Diastolischer Blutdruckwert
Normotonie		
Optimal	< 120 mmHg	< 80 mmHg
Normal	< 130 mmHg	< 85 mmHg
Hochnormal	130-139 mmHg	85-89 mmHg
Arterielle Hypertonie		
Stufe 1	140-159 mmHg	90-99 mmHg
Stufe 2	160-179 mmHg	100-109 mmHg
Stufe 3	> 180 mmHg	> 110 mmHg

Tabelle 3: Richtwerte Körperfettanteil - Angaben in Prozent (modifiziert nach Gallagher et al., 2000)

	Alter	niedrig	normal	Hoch	sehr hoch
Frauen	20-39	< 21,0	21,0 – 32,9	33,0 – 38,9	>= 39,0
	40-59	< 23,0	23,0 – 33,9	34,0 – 39,9	>= 40,0
	60-79	< 24,0	24,0 – 35,9	36,0 – 41,9	>= 42,0
Männer	20-39	< 8,0	8,0 – 19,9	20,0 – 24,9	>= 25,0
	40-59	< 11,0	11,0 – 21,9	22,0 – 27,9	>= 28,0
	60-79	< 13,0	13,0 – 24,9	25,0 – 29,9	>= 30,0

1.2 Krafttestung

Für die Planung eines Trainingsplans und Festlegung der Belastungsintensität muss eine Krafttestung durchgeführt werden.

1.2.1 Auswahl des Testverfahrens

Bei der Kundin wird ein Mehrwiederholungstest (X-RM-Test) durchgeführt. Dies wird folgendermaßen begründet:

Da die Kundin erst zwei Monate Erfahrung im Krafttraining gesammelt und bisher ohne systematische Trainingsplanung trainiert hat, zählt sie zu den Trainingsanfängern.

Bei Personen mit geringer Leistungsfähigkeit ist die Ermittlung eines 1-Wiederholungsmaximums zwar möglich, jedoch erfordert dies eine hohe Belastung. Damit es folglich zu keiner überhöhten mechanischen und psychischen Belastung sowie zu Demotivation führt, sollte bei der Kundin besser ein submaximaler Test durchgeführt werden. Bei Personen mit wenig Erfahrung im Krafttraining besteht im Testverfahren nach subjektivem Belastungsempfinden die Gefahr der Unter- bzw. Überschätzung und ist daher in diesem Fall ebenso nicht zu empfehlen.

Der Mehrwiederholungstest (X-RM Test) kann jedoch sehr gut auch bei Personen mit geringer Trainingserfahrung durchgeführt werden, da das Einschätzen der eigenen Belastbarkeit hier etwas einfacher ist.

1.2.2   Detaillierte Beschreibung des Testablaufs

Zunächst ist es wichtig sich vor einem Krafttraining und somit auch vor einem Krafttest aufzuwärmen. Erst findet ein 8-15 minütiges allgemeines Aufwärmen statt, was bedeutet, dass große Muskelgruppen dynamisch beansprucht werden, indem sich die Kundin beispielweise zehn Minuten auf einem Crosstrainer aufwärmt. Hierdurch werden die Durchblutung und somit der Sauerstofftransport der Muskulatur sowie das Zusammenspiel der Muskulatur mit dem zentralen Nervensystem gefördert. Anschließend wird nach der Geräteeinweisung, am jeweiligen Trainingsgerät noch einmal mit ein bis zwei Sätzen und sehr geringer Intensität speziell aufgewärmt. In diesem Fall macht sich die Kundin als erstes an der Brustpresse (s. Tabelle 4) mit nur einem Satz und einer sehr geringen Intensität warm. Es muss darauf geachtet werden, dass hier keine große Vorbelastung stattfindet.

Durch das spezielle Aufwärmen wird die Gelenkflüssigkeit (Synovia) verstärkt produziert, wodurch eine geringe Reibung der Gelenke begünstigt wird. Gleichzeitig wird die Zielmuskulatur auf die anstehende Belastung vorbereitet und aktiviert.

Nach dem Aufwärmen folgt der Krafttest. Da im ersten Mesozyklus mit einer Wiederholungszahl von 20 trainiert wird, d.h. mit dem Trainingsziel auf Kraftausdauer, wird demnach auf 20 Wiederholungen getestet (s. Tabelle 7).

Das bedeutet, dass die Kundin mit maximal drei Sätzen testet, mit welchem Gewicht sie maximal 20 Wiederholungen absolvieren kann. Jede Wiederholung muss mit einer korrekten Bewegungstechnik ausgeführt werden.

Mit Hilfe der subjektiven Einschätzung des Trainers wird im ersten Satz ein Trainingsgewicht von 10kg eingestellt. Da die Kundin mit diesem Trainingsgewicht ohne größere Anstrengung 20 Wiederholungen leicht absolviert hat, wurde im zweiten Satz auf 15kg erhöht und erneut mit 20 Wiederholungen getestet. Mit diesem Gewicht hat sie exakt 20 Wiederholungen einwandfrei ausführen können. Aufgrund dessen war ein dritter Satz zum Testen nicht mehr nötig. Ihr Endergebnis lautet 15kg. Zu beachten ist, dass nur maximal drei Testsätze durchgeführt werden sollten und zwischen den Testätzen ca. drei Minuten Pause eingehalten werden.

Die folgende Tabelle zeigt alle weiteren Testübungen mit ihren Testgewichten und Endergebnissen im Überblick.

1.2.3 Testübungen im Überblick

Tabelle 4: Testübungen im Überblick (eigene Darstellung)

Testübung	WH	1.Testsatz	2.Testsatz	3.Testsatz	Ergebnis
Brustpresse horizontal	20	10kg	15kg	/	15kg
Butterfly	20	10kg	12,5kg	/	12,5kg
Latzug vertikal zum Nacken	20	10kg	15kg	20kg	20kg
Rückenstrecker	20	15kg	25kg	35kg	35kg
Beinstrecker	20	20kg	30kg	/	30kg
Beinbeuger	20	10kg	15kg	20kg	20kg
Abduktion	20	10kg	15kg	20kg	20kg
Bauchpresse	20	10kg	15kg	20kg	20kg

1.2.4 Schlussfolgerung

Nach Durchführung des Mehrwiederholungstest wird nach dem Grobraster der Individuellen-Leistungsbild-Methode (kurz: ILB-Methode), siehe dazu Tabelle 5, durch das Trainingsalter der Kundin die Intensität bestimmt. Die Kundin wird nach diesem Grobraster in die Leistungsstufe „Beginner" eingestuft, da sie bisher erst zwei Monate Erfahrung im Krafttraining hat. Somit kann auch die Trainingsintensität prozentual bestimmt werden, was in ihrem Fall 50-70% ihres Testergebnisses mit der entsprechenden Wiederholungszahl ergibt.

Da die weiteren Mesozyklen eine andere Wiederholungszahl aufgrund anderer Trainingsziele erfordern (s. Tabelle 7), muss dieser Test bei jedem Mesozyklus immer wieder neu auf die geänderte Wiederholungszahl getestet werden.

Anhand des Grobrasters der ILB-Methode kann die Kundin nach sechs Monaten in eine höhere Leistungsstufe ('Geübte') eingestuft werden, wodurch sich die prozentuale Intensität auf 60-80% erhöht.

Empfohlen wird bei Anfängern eine wöchentliche prozentuale Steigerung von 5% der Intensität. Eine nähere Erläuterung dazu gibt es in Punkt 4.1.2.

Mit einer Intensitätssteigerung und gleichbleibender Wiederholungszahl kann beispielsweise die Leistungsentwicklung getestet und dokumentiert sowie das Training gemäß ihrer Leistungsverbesserung gesteuert und geplant werden. Es muss jedoch darauf geachtet werden, dass bei solchen Re-Tests eine ausreichend hohe Standardisierung des Testablaufs besteht und Störgrößen kontrolliert werden.

Aufgrund von vielen internen und externen Faktoren sowie zahlreicher Krafttrainingsübungen ist beim X-RM Test ein interindividueller Leistungsvergleich kaum möglich. Somit sind auch keine Norm- und Referenzwerte vorhanden (Bührle et al., 1983; Tittel & Wutscherk, 1994).

Tabelle 5: Grobraster zur Trainingsplanung nach der ILB-Methode (modifiziert nach Strack & Eifler, 2005, S.153)

Leistungsstufe	Trainings-zeit (Monaten)	Organisations-form	Trainingshäufig-keit/ Woche	Übungen/ Muskel-gruppe	Sät-ze/ Übun g	Intensi-tät in %
Orientie-rung/Gewöhnung	0-1,5	Ganzkörper (GK)	2	1-2	1-2	Gering
Beginner	1,5-6	GK	2	1-2	1-2	50-70%
Geübter	6-12	GK	2-3	1-2	2	60-80%
Fortgeschrittener	>12	GK/Splittraining	3-4	1-3	2-3	70-90%
Leistungstrainieren-der	>36	GK/Splittraining	4-6	1-4	2-4	80-100%

Außerdem werden zum Grobraster folgende Wiederholungzahlen zum jeweiligen Trainingsziel festgelegt:

Kraftausdauer: 15-30

Hypertrophietraining: 8-15

Maximalkrafttraining: 5-8

2   Zielsetzung/Prognose

2.1   Drei relevante Ziele

Anhand der in Aufgabe 1 erhaltenen Diagnosedaten, können relevante Ziele festgelegt werden. Zunächst werden nur drei Ziele formuliert.

Tabelle 6: Zielsetzung (eigene Darstellung)

Inhalt	Ausmaß	Zeit
Muskelaufbau	2kg	1 Jahr
Senkung des Körperfett-anteils	3kg	6 Wochen
Blutdrucksenkung	10/ 5 mmHg	3 Monaten

2.2   Begründung der Ziele

Der Wunsch der Kundin war zunächst eine Muskelhyperthrophie. Demnach wurde als erstes Ziel ein Muskelaufbau von zwei kg innerhalb eines Jahres gesetzt. Da die Kundin keine gesundheitlichen Einschränkungen hat, ist dieses Ziel für eine weibliche Person realistisch.

Als nächstes erhofft sich die Kundin eine Gewichtsreduktion. Dieser Wunsch wurde etwas konkretisiert, indem als Ziel eine Senkung des Körperfettanteils von 3kg innerhalb 6 Wochen formuliert wurde. Durch den Aufbau einer größeren Muskelmasse steigt außerdem der Grundumsatz, vor allem bei Bewegung, was die Senkung des Körperfettanteils unterstützt.

Als letztes Ziel wurde eine Blutdrucksenkung systolisch um 10mmHg und diastolisch um 5mmHg innerhalb drei Monaten genannt, da die Kundin einen leicht erhöhten Blutdruck hatte.

3 Trainingsplanung Makrozyklus

3.1 Makrozyklus im Überblick

Im Folgenden sind tabellarisch vier Mesozyklen für mindestens sechs Monate aufgeführt.

Tabelle 7: Makrozyklus (eigene Darstellung)

	Mesozyklus I	Mesozyklus II	Mesozyklus III	Mesozyklus IV
Zyklusdauer	6 Wochen	8 Wochen	8 Wochen	4 Wochen
Spezifisches Trainingsziel	Kraftausdauer-training	Hypertrophie-training	Hypertrophie-training	Maximalkraft-training
Organisationsform	Ganzkörper-training = GK	GK	GK	GK
Trainingseinheiten/Woche	2	2	2	2
Übungen/Muskelgruppe	1-2	1-2	1-2	1-2
Sätze/Übung	2	2	2	2
Satzpause	45-60 Sek.	1-2 Min.	1-2 Min.	Ca. 3 Min.
Intensität	50-70%	50-70%	50-70%	50-70%
Wiederholungen	20	12	8	5
Bewegungstempo	2/0/2	3/0/1	3/0/1	3/0/X

3.2 Begründung der übergeordneten Trainingsmethode

Die übergeordnete Trainingsmethode beruht auf der Individuellen Leistungsbild-Methode. Der Vorteil dabei ist, dass bei dieser Methode sich die Trainingsintensität nach der jeweiligen Leistungsstufe ganz genau ableiten lässt und dass durch diese Methode eine geringe Gesamtbelastung des Körpers stattfindet.

Alle Trainings- und Belastungskomponenten können dadurch an die individuelle Voraussetzung des Trainierenden angepasst werden (Kempf & Strack, 2001, S.40-41).

Außerdem kann es zu keinem Übertraining oder Überlastung kommen, da nur schrittweise die Belastungsparameter erhöht werden (Barteck, 1998).

3.3 Begründung der Belastungsparameter und Organisationsform

Die Belastungsparameter, wie die Einheit pro Woche, Übungen pro Muskelgruppe, Sätze pro Übung, die Organisationsform und Intensität wurden nach dem Grobraster der ILB-Methode nach Eifler & Strack (2005, S.135), s. Tabelle 5, mit der Leistungsstufe „Beginner" übernommen.

Da die Kundin Studentin ist und bereits zwei Mal die Woche zum Tanztraining geht und bisher nur einmal die Woche Zeit gefunden hat Krafttraining zu betreiben, ist ihr zeitlicher Verfügungsrahmen sehr eingeschränkt. Deshalb sind die Belastungsparameter, wie beispielsweise 1-2 Sätze pro Übung, 1-2 Übungen pro Muskelgruppe oder ein Ganzkörpertraining nach dem Grobraster sehr passend für die Kundin, da dieser Trainingsplan nicht viel Zeit in Anspruch nimmt. Jedoch muss die Kundin zweimal die Woche Zeit finden Krafttraining zu betreiben, da ihre Ziele ansonsten kaum oder gar nicht erreicht werden können.

3.4 Begründung der Periodisierung

Die oben aufgeführte Periodisierung wird wie folgt begründet:

Im ersten Mesozyklus wird mit einem Kraft-Ausdauertraining begonnen, ein umfangorientiertes Krafttraining, das bedeutet: geringe Intensität und hohe Wiederholungszahl, damit der anaerobe-laktazide Muskelstoffwechsel und die intermuskuläre Koordination verbessert wird sowie eine Stoffwechseloptimierung der beteiligten Bindegewebsstrukturen (Sehnen, Knorpelgewebe, Kapsel-Band-Apparat) gefördert wird (Olivier et al., 2008, S.115). Dadurch bekommt die Muskulatur eine erhöhte Ermüdungswiderstandsfähigkeit und verbesserte Regenerationsfähigkeit.

In den darauffolgenden drei Mesozyklen kommt es zum intensitätsorientierten Krafttraining, wodurch ein Muskelaufbau stattfindet (Wilson et al. 2012, S. 2298). Mesozyklus II und III werden am längsten gehalten, da bei der Kundin der Fokus auf der Muskelhypertrophie, der Straffung und Senkung des Fettanteils liegt. Durch die höhere Muskelmasse steigt der Grundumsatz bei körperlicher Tätigkeit, wodurch eine Senkung des Fettanteils schneller erfolgen kann.

Da die Kundin keine gesundheitlichen Einschränkungen hat und die Maximalkraft die Basis für eine höhere Kraftausdauer bildet, wird im letzten Mesozyklus ein Maximalkrafttraining von vier Wochen empfohlen (Güllich & Schmidtbleicher, 1999). Damit werden etwas mehr weiße Typ II Muskelfasern beansprucht (Tittel, 1994, S. 59), welche zusätzlich für die Muskelhypertrophie verantwortlich sind und somit wiederum den Grundumsatz erhöhen. Außerdem wird durch ein intensitätsorientiertes Krafttraining die intramuskuläre Koordination gefördert und die Gelenkstabilität verbessert (Bührle, 1985, S.98).

4 Trainingsplanung – Mesozyklus

4.1 Darstellung des ersten Mesozyklus

Tabelle 8: Erster Mesozyklus (eigene Darstellung)

Mesozyklus I	
Zyklusdauer	6 Wochen
Spezifisches Trainingsziel	Kraftausdauertraining
Trainingseinheit pro Woche	2
Organisationsform	Ganzkörpertraining
Übungen pro Muskelgruppe	1-2

Übungen	Wiederholungen	Intensität 50% (Steigerung um 5% pro Woche)	Bewegungstempo	Sätze	Satzpausen
Brustpresse horizontal	20	8kg	2/0/2	2	45-60 sek.
Butterfly	20	6kg	2/0/2	2	45-60 sek.
Latzug vertikal zum Nacken	20	10kg	2/0/2	2	45-60 sek.
Rückenstrecker	20	18kg	2/0/2	2	45-60 sek.
Beinstrecker	20	15kg	2/0/2	2	45-60 sek.
Beinbeuger	20	10kg	2/0/2	2	45-60 sek.
Abduktion	20	10kg	2/0/2	2	45-60 sek.
Bauchpresse	20	10kg	2/0/2	2	45-60 sek.

4.2 Begründung des Konzepts der Übungsauswahl

In der Tabelle 8 ist der erste Mesozyklus detailliert beschrieben. Der Schwerpunkt liegt im ersten Zyklus auf den geführten Maschinenübungen, da die Kundin noch zu den Beginnern zählt und das Krafttraining an geführten Maschinen einfach und schnell zu erlernen ist. Es können wenige Fehlerbilder entstehen, wodurch die Verletzungsgefahr reduziert wird. Außerdem ist ein besseres isoliertes Training durch eine selektierte Bewegungsfunktion gegeben und die Kundin kann nicht überfordert werden (Baechle et al., 2008, S. 387).

Durch eine zunächst leichtere Übungsauswahl an geführten Geräten und überwiegend eingelenkige Übungen wird die Kundin darauf vorbereitet im nächsten Mesozyklus etwas komplexere Übungen ausführen zu können und desweiteren auch freie Übungen zu absolvieren, um ihre Autostabilisation und Koordination zu verbessern.
Grundlage der Übungsauswahl sind die in der Diagnose und Zielsetzung erhobenen Parameter.

Der Wunsch der Kundin war es den ganzen Körper zu straffen und nicht gezielt Muskulatur aufzubauen, demnach wird auch in dem ersten Zyklus ein Ganzkörpertrainingsplan gewählt, wodurch alle großen Muskelgruppen durch die aufgeführten Übungen abgedeckt werden.

Die Übungsreihenfolge ist so angeordnet, dass bei mehr als einer Übung pro Muskelgruppe die komplexere zuerst trainiert wird und anschließend gezielt ein kleinerer isolierter Muskel, um eine Vorermüdung zu vermeiden (Baechle et al., 2008, S. 391).
Desweiteren wurde zunächst eine Intensität von 50% gewählt, was von Woche zu Woche (in jedem weiteren Mikrozyklus) um 5-10 % gesteigert werden sollte, sodass die Kundin am Ende ihres Mesozyklus die obere Grenzen von 70% ihres ILB erreicht hat. Dieses wurde jedoch in der Tabelle nicht näher aufgeführt, da laut Aufgabenstellung kein Mikrozyklus dargestellt werden sollte.

4.3 Begründung jeder Übung

Da keine gesundheitlichen Einschränkungen vorhanden sind, sind auch keine Einschränkungen in der Übungsauswahl gegeben.
Die Auswahl der Übungen beruht auf einem Ganzkörpertraining. Folgende Tabelle beschreibt die jeweilige Zielmuskulatur und die Vorteile bzw. der Nutzen jeder Übung.

Tabelle 9: Zielmuskulatur und Nutzen jeder Übung (eigene Darstellung)

Übung	Zielmuskulatur	Nutzen/ Vorteile
Brustpresse horizontal	M. pectoralis major M. trizeps brachii M. deltoideus pars clavi- cula-ris	Komplexe Übung, dennoch gut für Einsteiger geeignet. Kräftigung der Brust-, Arm- und Schultermuskulatur, Stabilisierung des Oberkörpers
Butterfly	M. pectoralis major	Isolationsübung für die Brustmuskulatur, gut für Einsteiger geeignet
Latzug vertikal zum Nacken	M. latissismus dorsi M. teres major M. trapezius pars ascendens M. deltoideus pars spinata M. biceps brachii	Kräftigung der Rücken-, und Armmuskulatur, aufgrund der zugbelasteten und druckentlasteten Wirbelsäule gut für Anfänger geeignet
Rückenstrecker	M. erector spinae	Kräftigung und Stabilisierung des Rückenstreckermuskels, statische Übung
Beinstrecker	M. quadriceps femoris	Kräftigung der vorderen Beinmuskulatur, Isolationsübung und gut für Anfänger geeignet
Beinbeuger	M. biceps femoris M. semitendinosus M. semimembranosus M. gastrocnemius	Kräftigung der hinteren Beinmuskulatur, Isolationsübung und gut für Anfänger geeignet
Abduktion	M. glutaeus maximus M. glutaeus medius M. glutaeus minimus	Isolationsübung für die Hüftabduktoren, gut für Anfänger geeignet
Bauchpresse	M. rectus abdominis M. obliquus externus abdominis M. obliquus internus ab- dominis	Stärkung der Bauchmuskulatur

5 Literaturrecherche

In folgender Tabelle werden zwei Studien vorgestellt zum Thema: Effekte des Krafttrainings bei Osteoporose.

In der ersten und zweiten Studie liegt der Fokus auf osteopenische postmenopausalen Frauen (Siegrist, Lammel & Jeschke, 2006; Nelson et al., 1994).

Tabelle 10: Studien zu den Effekten des Krafttrainings bei Osteoporose (eigene Darstellung)

	1. Studie	2. Studie
Wer	Siegrist M.[1,2] Lammel C.[2] Jeschke D. [1,2] [1] Lehrstuhl und Poliklinik für Präventive und Rehabilitative Sportmedizin, TU München [2] Kuratorium für Prävention und Rehabilitation, TU München	Nelson, ME Fiatarone, MA Morganti, CM Trice, I Greenberg, RA Evans, WJ
In welchem Jahr	2006	1994
Mit welchen Versuchspersonen	69 osteopenische, postmenopausale Frauen	39 postmenopausale Frauen, im Alter von 50-70 Jahren, sie hatten alle eine eher sitzende Tätigkeit und ihr Östrogenspiegel war sehr gering
Versuchsaufbau	- Alle nahmen an einer Wirbelsäulengymnastik (WSG) 2x/Woche teil - 26 Frauen führten zusätzlich 2x/Woche ein konventionelles Krafttraining (KT) mit 60-80% des 1RM durch - 23 Frauen führten zusätzlich 2x/Woche ein Krafttraining mit vibrierenden Trainingsgeräten (VT) durch - 20 Frauen betrieben nur die WSG	- 20 Frauen haben an 2 Tagen/ Woche ein hoch intensives Training mit fünf unterschiedlichen Übungen betrieben - 19 Frauen bekamen eine unbehandelte Kontrolle - Gemessen wurde die Knochendichte, die Muskelkraft mit 1-RM, die Urinkreatinwerte alle 24 h zur Messung der Muskelmasse und ein Backward Tandem Walk zur Messung des dynamischen Gleichgewichts
Ergebnisse und Schlussfolgerung	- Mit Hilfe des DXA wurden die Knochenflächen gemessen - KT führte im Gegensatz zur WSG zu einer Vergrößerung der Knochenfläche des Oberschenkelhalses um 1,3 % - An der LWS fand in allen Gruppen keine Veränderung statt	- Bei den Frauen, die Krafttraining betrieben stieg die Knochendichte im Oberschenkelhals und in der LWS deutlich an - Bei den Frauen, die unbehandelt blieben, ist die Knochendichte sogar gesunken

	1. Studie	2. Studie
	- KT zeigte um 50% und VT um 54% eine Zunahme der maximalen dynamischen Kraft der Beinstrecker und beim Armbeuger durch das KT um 24% und durch das VT um 17% - Die WSG verbesserte die Beinkraft um 22% - Durch KT stieg die relative Maximalleistung um 8% und durch WSG um 6% - Schmerzen und Wohlbefinden haben sich durch eine WSG am besten gebessert Osteoporose-Prävention: → WSG kann die Kraft und das Befinden verbessern → Durch ein VT mit Zusatzgewichten nimmt die Kraft zu → KT bewirkt eine Verbesserung von Kraft und Knochen-struktur	- Der Gesamtknochenmineralgehalt des Körpers stieg ebenso bei den Frauen, die Krafttraining betrieben haben an und sank bei den unbehandelten Frauen. - Die Muskelmasse, Muskelkraft und das dynamische Gleichgewicht stieg bei den trainierenden Frauen an und sank bei den nicht-trainierenden Frauen. → Hoch intensive Krafttrainingsübungen sind für den Erhalt der Knochendichte bei postmenopausalen Frauen sehr effektiv und realisierbar. →Gleichzeitig werden die Muskelmasse, die Muskelkraft und das Gleichgewicht gefördert.

6 Literaturverzeichnis

Baechle, T. R., Earle, R. W. & Wathen, D. (2008). Resistance training. In T. R. Baechle & R. W. Earle (eds.), *Essentials of strength training and conditioning* (3. ed.) (S. 381-412). Champaign, IL: Human Kinetics

Barteck, O. (1998). *Fitness Manual.* Köln: Könemann

Bührle, M., Schmidtbleicher, D. & Bressel, H. (1983). Die spezielle Diagnose der einzelnen Kraftkomponenten im Hochleistungssport. *Leistungssport, 13* (3), 11-16.

Bührle, M. (1985). *Grundlagen des Maximal- und Schnellkrafttrainings.* Schorndorf: Hofmann.

Gallagher, D. Heymsfield, St B. Heo, M., Jebbe, SA., Murgatroyd, PR. & Sakamoto, Y. 2000. Healthy percentage body fat ranges: an approach for developing guidelines based on body mass index. *The American Journal of Clinical Nutrition. 72* (3), 694-701.

Güllich, A. & Schmidtbleicher, D. (1999). Struktur der Kraftfähigkeiten und ihrer Trainingsmethoden. *Deutsche Zeitschrift für Sportmedizin, 50* (7/8), 223-234.

Kempf, H.-D. & Strack, A. (2001). *Der Hantel-Krafttrainer.* Reinbek bei Hamburg: Rowohlt.

Mancia, G., Fagard, R., Narkiewicz, K., Redón, J., Zanchetti, A., Böhm, M. et al. (2013). 2013 ESH/ESC Guidelines for the management of arterial hypertension. The task force for the management of arterial hypertension of the European Society of Hypertension (ESH) and of the European Society of Cardiology (ESC). *Journal of Hypertension, 31* (7), 1281-1357.

Nelson, ME., Fiatarone, MA., Morganti, CM., Trice, I., Greenberg, RA. & Evans, WJ. (1994). Effects of high-intensity strength training on multiple risk factors for osteoporotic fractures. A randomized controlled trial. *JAMA, 272* (24), 1909-14.

Olivier, N., Marschall, F. & Büsch, D. (2008). *Grundlagen der Trainingswissenschaft und -lehre*. Schorndorf: Hofmann.

Siegrist, M., Lammel, C. & Jeschke, D. (2006). Krafttraining an konventionellen bzw. oszillierenden Geräten und Wirbelsäulengymanstik in der Prävention der Osteoporose bei postmenopausalen Frauen. *Deutsche Zeitschrift für Sportmedizin, 57* (7/8), 182-188.

Strack, A. & Eifler, C. (2005). The individual lifting performance method (ILP). A practical method for fitness- and recreational strength training. In J. Gießing, M. Fröhlich & P. Preuss (eds.), *Current results of strength training research* (S. 153-163). Göttingen: Cuvillier.

Tittel, K. (1994). *Beschreibende und funktionelle Anatomie des Menschen* (12. Aufl.). Jena: Fischer.

Tittel, K. & Wutscherk, H. (1994). Anthropometrische Faktoren. In P. V. Komi (Hrsg.), *Kraft und Schnellkraft im Sport* (S. 183-199). Köln: Deutscher Ärzte-Verlag.

Wilson, J. M., Marin, P. J., Rhea, M. R., Wilson, S. M. C., Loennecke, J. P. & Anderson, J. C. (2012). Concurrent training: a meta-analysis examining interference of aerobic and resistance exercise. *Journal of Strength and Conditioning Research, 26* (8), 2293-2307.

7   Tabellenverzeichnis

BEI GRIN MACHT SICH IHR WISSEN BEZAHLT

- Wir veröffentlichen Ihre Hausarbeit,
  Bachelor- und Masterarbeit

- Ihr eigenes eBook und Buch -
  weltweit in allen wichtigen Shops

- Verdienen Sie an jedem Verkauf

Jetzt bei www.GRIN.com hochladen
und kostenlos publizieren